BURGER

UNWIDERSTEHLICHE REZEPTE

Gina Steer

p

Entwurf und Realisation: The Bridgewater Book Company Ltd.
Fotos: Emma Neish
Fachberatung: Joy Skipper

Parragon
Queen Street House
4 Queen Street
Bath BA1 1HE, UK

Übersetzung aus dem Englischen: Melanie Schirdewahn, Köln
Lektorat: Ulrike Reinen, Köln
Satz und Projektmanagement: trans texas GmbH, Köln

ISBN 1-40544-928-4

Printed in China

HINWEISE

Sofern die Schale von Zitrusfrüchten benötigt wird, verwenden Sie unbedingt unbehandelte Früchte.

Sofern nichts anderes angegeben ist, wird Vollmilch (3,5 % Fett) verwendet.

Pfeffer sollte stets frisch gemahlener Pfeffer sein.

Die angegebenen Zeiten können von den tatsächlichen leicht abweichen, da je nach verwendeter Zubereitungsmethode und vorhandenem Herdtyp Schwankungen auftreten.

Bei Eiern und einzelnen Gemüsesorten, z. B. Kartoffeln, verwenden Sie mittelgroße Exemplare. Kinder, ältere Menschen, Schwangere, Kranke und Rekonvaleszenten sollten auf Gerichte mit rohen oder nur leicht gegarten Eiern verzichten.

Inhalt

Burger für Feinschmecker – wo gibt's denn so was? Hier! Lassen Sie sich von unkomplizierten Rezepten überraschen, in denen gesunder Fisch, zartes Geflügel und mageres Fleisch zu köstlichen Burgern verarbeitet werden. Freuen Sie sich überdies auf abwechslungsreiche vegetarische Burgervariationen mit Zucchini, Yamswurzel, Polenta, Halloumi-Käse, Tofu oder Macadamia-Nüssen. Mit diesen Rezepten zaubern Sie Burger auf den Tisch, die nicht nur köstlich, sondern auch gesund sind.

Damit auch wirklich alle Gourmets auf ihre Kosten kommen, werden die Burger mit einer Fülle von verschiedenen Gewürzen, Kräutern, Würzsaucen und Relishes verfeinert, die den Gaumen verwöhnen. Da man Burger nahezu unendlich variieren kann, ist Abwechslung garantiert.

Einleitung

Ergänzen Sie die Burger mit leckeren Beilagen, und servieren Sie sie als köstliches Mittag- oder Abendessen. Bieten Sie verschiedene Zutaten zur Auswahl an, damit sich jeder den Burger seiner Wahl selbst zusammenstellen kann.

Burger sind zudem schnell und einfach zuzubereiten. Besonders leicht geht das mit einer Küchenmaschine, doch die Bratlinge lassen sich auch mühelos mit der Hand kneten.

Als Burger-Beilagen eignen sich Kartoffeln, Pommes frites, gegrilltes Gemüse, Salate, selbst gemachtes Relish und Salsas. Das letzte Kapitel ist den Getränken gewidmet. Einen Tipp für das jeweils passende Getränk zu den verschiedenen Burgern finden Sie in den Serviervorschlägen.

Im folgenden Kapitel stellen wir Ihnen Rezepte vor, in denen sowohl würzige und geräucherte als auch asiatische und fruchtige Zutaten zum Einsatz kommen. Die Verbindung von Fisch mit Gemüse, Kräutern und Gewürzen ist gleichermaßen köstlich wie gesund. Sie sollten dabei nur frischen Fisch verwenden. Besonders gut geeignet sind Lachs- oder Dorschfilets, da sie sehr fest sind. Tiefgefrorener Fisch muss vor der Zubereitung vollständig aufgetaut sein und mit Küchenpapier trockengetupft werden.

Fisch

Vorbereitung 10 Minuten plus 1 Stunde kühlen
Zubereitung 25–30 Minuten **Für** 4 Personen

Geräucherter Fisch mit Speck – das mag etwas ungewöhnlich klingen. Kombiniert mit frischem, duftendem Pesto ist der Geschmack aber wunderbar harmonisch.

Forellen-Burger mit frischem Pesto

Zutaten

- 225 g Kartoffeln, in kleinen Stücken
- Salz und Pfeffer
- 350 g geräuchertes Forellenfilet, in Stücke gezupft
- 2 TL Sahnemeerrettich
- 6 Frühlingszwiebeln, fein gehackt
- 175 g Zucchini, grob geraspelt
- 2 EL Vollkornmehl
- 8 Scheiben magerer Speck
- 2 EL Sonnenblumenöl

Pesto

- 15 g frisches Basilikum
- 40 g Pinienkerne, geröstet
- 3 Knoblauchzehen
- 150 ml natives Olivenöl extra
- 40 g frisch geriebener Parmesan
- 4-cm-Stück Salatgurke, geschält und fein gewürfelt
- 4 Frühlingszwiebeln, fein gehackt
- 2 Eiertomaten, fein gewürfelt

Eins Die Kartoffeln in leicht gesalzenem Wasser in 15–20 Minuten weich kochen. Abgießen, zerstampfen und in eine große Schüssel geben. Forellenfilet, Meerrettich, Frühlingszwiebeln und Zucchini zugeben und mit Salz und Pfeffer abschmecken. Gut vermengen und zu 4 gleich großen Burgern formen. 1 Stunde kalt stellen, dann im Mehl wenden und mit zwei Scheiben Speck umwickeln.

Zwei Inzwischen den Pesto zubereiten. Dafür Basilikum, Pinienkerne und Knoblauch in einer Küchenmaschine 1 Minute pürieren. Das Öl zugießen und weiterpürieren, bis das Öl eingearbeitet ist. In einer Schüssel mit Parmesan, Gurke, Frühlingszwiebeln und Tomaten vermischen. In eine Servierschüssel füllen.

Drei Eine schwere Pfanne erhitzen und das Öl zufügen. Die Burger bei mittlerer Hitze 3–4 Minuten auf jeder Seite anbraten, bis sie goldbraun sind. Servieren.

Serviervorschlag

Die Burger mit Salatblättern, gegrillten roten Paprikascheiben und etwas Pesto auf die untere Hälfte von 4 Ciabatta-Brötchen geben. Die obere Hälfte aufsetzen und mit Eistee oder Zitronen-Limonade (s. S. 89) servieren und das restliche Pesto dazureichen.

Vorbereitung 15 Minuten plus 1 Stunde, 10 Minuten kühlen
Zubereitung 20 Minuten **Für** 4 Personen

Dieser ausgezeichnete, mit Basilikum und Parmesan verfeinerte Dorsch-Burger wird mit einer Knoblauchmayonnaise serviert. Die schnell zubereitete Polenta hält die Zutaten zusammen.

Provençalischer Dorsch-Burger

Zutaten

300 ml Wasser
225 g Instant-Polenta
450 g Dorschfilet, ohne Haut
1 EL frisch gehacktes Basilikum
50 g frisch geriebener Parmesan
Salz
Pfeffer
2 EL Mehl
1–2 EL natives Olivenöl extra

Aïoli
4 Knoblauchzehen, zerdrückt
2 Eigelb
2 TL Zitronensaft
300 ml natives Olivenöl extra

Eins Das Wasser in einem großen Topf zum Kochen bringen. Die Polenta langsam in einem regelmäßigen Strahl bei niedriger Hitze zugeben und unter ständigem Rühren 5 Minuten kochen, bis die Masse eindickt.

Zwei Polenta, Fisch, Basilikum, Käse, Salz und Pfeffer in eine Küchenmaschine geben und mit der Puls-Funktion zerkleinern. Zu 4 Burgen formen, im Mehl wenden, abdecken und 1 Stunde in den Kühlschrank stellen.

Drei Inzwischen die Aïoli zubereiten. Dazu Knoblauch und Eigelb in einer Küchenmaschine 1 Minute mischen. Zitronensaft zugeben und weiterrühren. Langsam das Öl einrühren, bis eine dickliche Mayonnaise entsteht. Mit Salz und Pfeffer abschmecken und noch etwas Zitronensaft zufügen, wenn die Masse zu dick ist.

Vier Eine schwere Pfanne erhitzen und 1 Esslöffel Öl zugeben. Die Burger bei mittlerer Hitze 4–5 Minuten auf jeder Seite braten. Bei Bedarf mehr Öl zufügen. Servieren.

Hinweis

Gerichte mit rohen Eiern sollten nicht von Kindern, älteren Menschen, Schwangeren, Rekonvaleszenten oder kranken Menschen verzehrt werden.

Serviervorschlag

Schneiden Sie 4 Stücke eines Focaccia-Brotes auf und belegen Sie eine Hälfte mit frischen Spinatblättern und einem Burger. Geben Sie ein wenig Aïoli darauf. Servieren Sie die zweite Hälfte mit gegrilltem Gemüse und einem Glas Weißwein oder Zitronen-Limonade *(s. S. 89).*

Vorbereitung 10 Minuten plus 1 Stunde kühlen
Zubereitung 10 Minuten **Für** 4 Personen

Diese besondere Köstlichkeit vermittelt ein asiatisches Flair. Am besten gelingt sie mit frischem Krebsfleisch. Ersatzweise können Sie aber auch Dosenware verwenden.

Thai-Burger mit Krebsfleisch

Zutaten

- 1½ EL Sonnenblumenöl
- 1 rote Chili, entkernt und fein gehackt
- 2,5-cm-Stück Ingwerwurzel, geraspelt
- 2 Zitronengrasstängel, äußere Blätter entfernt und fein gehackt
- 350 g Krebsfleisch, in kleinen Stücken
- 250 g gekochte Garnelen, ausgelöst und trockengetupft
- 175 g gekochter thailändischer Reis
- 1 EL frisch gehackter Koriander
- 120 g Bohnensprossen
- 6 Frühlingszwiebeln, fein gehackt
- 1–2 EL Sojasauce
- 1–2 EL Vollkornmehl

Eins 2 Teelöffel Öl in einem heißen Wok oder einer schweren Pfanne erhitzen. Chili, Ingwer und Zitronengras zugeben und auf mittlerer Hitze 1 Minute unter Rühren kurz anbraten. Den Wok vom Herd nehmen und die Mischung abkühlen lassen.

Zwei Chili-Mischung, Krebsfleisch, Garnelen, Reis, Koriander, Bohnensprossen, Frühlingszwiebeln und Sojasauce in einer Küchenmaschine kurz hacken. Zu 4 gleich großen Burgern formen und diese in Mehl wenden. Abdecken und 1 Stunde kalt stellen.

Drei Eine schwere, beschichtete Pfanne erhitzen und das restliche Öl zugeben. Die Burger bei mittlerer Hitze 3–4 Minuten auf jeder Seite braten. Servieren.

Serviervorschlag

Belegen Sie die untere Hälfte eines gerösteten Burgerbrötchens mit gehobelten Chinakohlblättern und frischen Bohnensprossen. Geben Sie einen Burger mit süßer Chilisauce darauf. Legen Sie die obere Hälfte auf und servieren Sie den Burger mit Zitronen-Limonade (s. S. 89).

Vorbereitung 15 Minuten plus 1 Stunde kühlen
Zubereitung 25–35 Minuten **Für** 4 Personen

Dieser farbenfrohe und delikate Burger besteht aus Lachs, Spinat und Pinienkernen. Pressen Sie so viel Wasser wie möglich aus dem Spinat, damit der Burger nicht zu weich und feucht wird.

Lachs-Burger mit Spinat und Pinienkernen

Zutaten

300 g Kartoffeln, in Würfeln
Salz und Pfeffer
450 g Lachsfilet, ohne Haut
200 g frischer Spinat
60 g Pinienkerne, geröstet
2 EL fein abgeriebene Zitronenschale
1 EL frisch gehackte Petersilie
2 EL Vollkornmehl
200 g Crème fraîche
4-cm-Stück Salatgurke, geschält und fein gehackt
2 EL Sonnenblumenöl

Eins Die Kartoffeln in leicht gesalzenem Wasser in 15–20 Minuten weich kochen. Abtropfen lassen, zerstampfen und beiseite stellen. Den Lachs in große Stücke schneiden.

Zwei Ein paar Spinatblätter zum Servieren zurückbehalten, den Rest in einem Topf mit kochendem Wasser 2 Minuten blanchieren. Abtropfen lassen, Flüssigkeit sorgfältig herauspressen und die Blätter hacken.

Drei Spinat, Lachs, Kartoffeln, Pinienkerne, 1 Esslöffel Zitronenschale, Petersilie, Salz und Pfeffer in eine Küchenmaschine geben und zerkleinern. Daraus 4 gleich große Burger formen, diese abdecken und 1 Stunde kalt stellen. Die Burger im Mehl wenden.

Vier Crème fraîche, die restliche Zitronenschale und die Gurke in einer Schüssel vermengen, abdecken und bis zur Verwendung kalt stellen.

Fünf Eine schwere Pfanne erhitzen und das Öl zugeben. Die Burger 4–6 Minuten auf jeder Seite braten. Servieren.

Serviervorschlag

Die restlichen Spinatblätter auf 4 aufgeschnittene Roggenbrötchen verteilen, die mit Crème-fraîche-Mischung bestrichenen Burger darauf legen und die obere Hälfte aufsetzen. Mit gegrillten Kirschtomaten und Zitronen-Limonade (s. S. 89) servieren.

Vorbereitung 15 Minuten plus 1 Stunde kühlen
Zubereitung 25–30 Minuten **Für** 4 Personen

Der geräucherte Schellfisch verleiht diesen Burgern ein herrlich rauchiges Aroma. Sie können stattdessen auch geräucherte Makrele oder Forelle verwenden.

Fisch-Burger

Zutaten

- 150 g Kartoffeln, in Würfeln
- Salz und Pfeffer
- 220 g Dorschfilet, ohne Haut
- 220 g geräucherter Schellfisch, ohne Haut
- 1 EL abgeriebene Zitronenschale
- 1 EL frisch gehackte Petersilie
- 1–2 EL Mehl
- 1 Ei, verquirlt
- 100 g frische Semmelbrösel
- 2 EL Sonnenblumenöl

Eins Die Kartoffeln in leicht gesalzenem Wasser in 15–20 Minuten weich kochen. Abtropfen lassen und zerstampfen. Den Fisch in kleine Stücke hacken und mit Kartoffeln, Zitronenschale, Petersilie, Salz und Pfeffer in eine Küchenmaschine geben. Mit der Puls-Funktion gut zerkleinern. 4 gleich große Burger formen und im Mehl wenden. Diese abdecken und 30 Minuten kalt stellen.

Zwei Ei und Semmelbrösel in zwei separate Schalen geben. Die Burger erst im Ei und dann in den Semmelbröseln wenden. Weitere 30 Minuten kalt stellen.

Drei Eine schwere Pfanne erhitzen und das Öl zugeben. Die Burger bei mittlerer Hitze 4–5 Minuten auf jeder Seite braten. Servieren.

Serviervorschlag

Einige Salatblätter auf die untere Hälfte von 4 gerösteten Roggenbrötchen legen, Burger darauf legen und mit etwas Tomatenketchup bestreichen. Die obere Hälfte aufsetzen. Mit Krautsalat, Ketchup und Pommes frites servieren. Dazu passt ein Schoko-Milchshake (s. S. 87).

Wer sagt, dass Burger immer aus Rindfleisch bestehen müssen? Im folgenden Kapitel werden Rezepte mit Hühner-, Puten- und Entenfleisch vorgestellt, denen feine Kräuter, Gewürze und Früchte den letzten Pfiff verleihen.

Hühner- und Putenfleisch sollten unbedingt vollständig gegart werden. Wenn Geflügel bei starker Hitze gebraten wird, besteht die Gefahr, dass der Burger außen zwar braun, innen allerdings noch roh ist. Um zu testen, ob das Fleisch gar ist, sollten Sie den Burger in der Mitte leicht einschneiden und das Fleisch vorsichtig auseinander ziehen. Geflügel, das auch nur einen leicht rosafarbenen Hauch zeigt, sollte bei niedriger Hitze fertig gegart werden.

Geflügel

Vorbereitung 10 Minuten plus 30 Minuten kühlen
Zubereitung 15–20 Minuten **Für** 4 Personen

Diese zarten, panierten Hähnchenbrustfilets werden – serviert in einem klassischen Burgerbrötchen – jeden Burger-Fan ins Schwärmen bringen.

Hähnchen-Burger de luxe

Zutaten

4 große Hähnchenbrustfilets
1 Eiweiß
1 EL Speisestärke
1 EL Mehl
1 Ei, verquirlt
1 TL Salz
50 g frische Semmelbrösel
2 EL Sonnenblumenöl
2 Fleischtomaten, in Scheiben

Eins Die Hähnchenbrustfilets zwischen 2 Bögen Backpapier legen und mit einem Nudelholz oder einem Fleischklopfer plätten. Eiweiß und Speisestärke miteinander verquirlen und auf das Fleisch streichen. Abdecken und 30 Minuten kalt stellen. Danach in Mehl wenden.

Zwei Ei und Salz vermischen. Diese Mischung und die Semmelbrösel in zwei separate Schalen füllen und das Fleisch zuerst im Ei (gut abtropfen lassen) und dann in den Semmelbröseln wenden.

Drei Eine schwere Pfanne erhitzen und das Öl zugeben. Das Hühnerfleisch bei mittlerer Hitze 6–8 Minuten auf jeder Seite braten, bis es gar ist. Zum Test können Sie ein Fleischstück durchschneiden. Wenn es innen noch rosa ist, sollten Sie es länger braten. In den letzten 1–2 Minuten die Tomaten zufügen und erhitzen. Servieren.

Serviervorschlag

In Streifen geschnittene Salatblätter auf die untere Hälfte von 4 gerösteten Sesam-Burgerbrötchen verteilen. Hühnerfleisch und Tomaten darauf geben. Mit Mayonnaise bestreichen und die obere Hälfte auflegen. Mit Pommes frites und einem Mango-Smoothie (s. S. 91) servieren.

Vorbereitung 10 Minuten plus 1 Stunde kühlen
Zubereitung 10 Minuten **Für** 4 Personen

Statt mit Pinienkernen können Sie diese Burger auch mit Mandelblättchen oder ungesalzenen Cashewkernen zubereiten. Ganze Nüsse sollten zuvor gehackt und leicht geröstet werden.

Hähnchen-Burger im Speckmantel

Zutaten

450 g Hühnerhack
1 Zwiebel, gerieben
2 Knoblauchzehen, zerdrückt
50 g Pinienkerne, geröstet
50 g frisch geriebener Gruyère
2 EL Schnittlauchröllchen
Salz und Pfeffer
2 EL Vollkornmehl
8 Scheiben magerer Speck
1–2 EL Sonnenblumenöl

Eins Das Hühnerhack mit Zwiebel, Knoblauch, Pinienkernen, Käse, Schnittlauch, Salz und Pfeffer in eine Küchenmaschine geben. Alles mit der Puls-Funktion vermengen. Aus der Masse 4 gleich große Burger formen. Im Mehl wenden, abdecken und 1 Stunde kalt stellen.

Zwei Jeden Burger mit 2 Speckscheiben umwickeln und mit einem Spießchen fixieren.

Drei Eine schwere Pfanne erhitzen und das Öl zugeben. Die Burger bei mittlerer Hitze 5–6 Minuten auf jeder Seite braten, bis sie gar sind. Servieren.

Serviervorschlag

In Streifen geschnittene Salatblätter und Zwiebelringe auf die untere Hälfte von 4 Ciabatta-Brötchen geben. Burger auflegen, mit Mayonnaise bestreichen und mit Schnittlauch bestreuen. Die obere Hälfte aufsetzen und mit Krautsalat und Zitronen-Limonade (s. S. 89) servieren.

Vorbereitung 20 Minuten plus 1 Stunde kühlen
Zubereitung 20 Minuten **Für** 4 Personen

Diese delikaten Frikadellen eignen sich hervorragend als besonderes Essen für Gäste. Sie können das gehäutete Entenfleisch in einer Küchenmaschine mit der Puls-Funktion hacken.

Enten-Burger mit Apfel-Pflaumen-Relish

Zutaten

2 Dessertäpfel, z. B. Granny Smith
450 g mageres Entenhack
1 EL Pflaumensauce
6 Frühlingszwiebeln, fein gehackt
2 Knoblauchzehen, zerdrückt
1½ TL Chiliflocken
50 g getrocknete Cranberries
Salz und Pfeffer
1 EL Butter
2–3 TL Demerara-Zucker

Apfel-Pflaumen-Relish

150 g Apfelmus
2 EL Pflaumensauce

Eins 1 Apfel schälen, entkernen und reiben. Mit Entenhack, Pflaumensauce, Frühlingszwiebeln, Knoblauch, der Hälfte der Chiliflocken, der Hälfte der Cranberries, Salz und Pfeffer in einer Schüssel vermischen und daraus 4 gleich große Burger formen. Abdecken und 1 Stunde kalt stellen.

Zwei Den Backofengrill vorheizen. Die Burger auf einen mit Alufolie ausgelegten Rost legen und auf der mittleren Schiene 4–5 Minuten von jeder Seite grillen, bis sie gar sind. Warm halten.

Drei Den anderen Apfel schälen, entkernen und in Scheiben schneiden. Die Butter in einer Pfanne schmelzen. Die Apfelscheiben zugeben, mit Zucker bestreuen und 3–4 Minuten dünsten, bis die Äpfel weich und leicht karamellisiert sind. Vom Herd nehmen.

Vier Für das Relish das Apfelmus, die restlichen Chiliflocken und Cranberries sowie die Pflaumensauce 3 Minuten unter gelegentlichem Rühren erhitzen. Warm halten und mit den Burgern servieren.

Serviervorschlag

Kartoffelpüree mit gehackten Frühlingszwiebeln und Chillies vermischen und mittig auf 4 vorgewärmte Teller verteilen. Die Burger darauf geben, mit den Apfelscheiben belegen und mit etwas Relish dekorieren. Dazu passt ein Glas Tropentraum (s. S. 93).

Vorbereitung 12 Minuten plus 1 Stunde kühlen
Zubereitung 25 Minuten **Für** 4 Personen

Hier wird etwas Speck unter das Hühnerhack gemischt, damit es schön saftig bleibt und einen würzigen Geschmack erhält. Salzen Sie nur vorsichtig, da der Speck schon recht salzig ist.

Würziger Hähnchen-Burger

Zutaten

350 g Speckscheiben
350 g Hühnerhack
6 Schalotten
2–4 Knoblauchzehen
1 EL Tomatenmark
1 EL frisch gehackte Petersilie
Salz und Pfeffer
2 EL Vollkornmehl
1 EL Sonnenblumenöl

Eins Den Backofengrill vorheizen. 250 g Speck etwa 5–8 Minuten unter dem Grill auf der obersten Schiene rösten, bis er knusprig ist. Herausnehmen und abkühlen lassen.

Zwei Den gerösteten Speck zusammen mit Hühnerhack, Schalotten und Knoblauch in eine Küchenmaschine geben. Alles mit der Puls-Funktion fein hacken. Tomatenmark, Petersilie, Salz und Pfeffer zufügen und weitere 2 Minuten mischen. Auf die Arbeitsfläche geben und zu 4 gleich großen Burgern formen. In Mehl wenden, abdecken und 1 Stunde kalt stellen.

Drei Eine schwere Pfanne erhitzen und das Öl zugeben. Die Burger bei mittlerer Hitze 5–6 Minuten auf jeder Seite braten, bis sie gar sind. Unterdessen den restlichen Speck unter dem Backofengrill 5–8 Minuten knusprig rösten. Servieren.

Serviervorschlag

Einige Salatblätter auf die untere Hälfte von 4 gerösteten Mehrkornbrötchen verteilen. Mit Burgern und Speck belegen und etwas Preiselbeerkompott darauf geben. Die obere Hälfte aufsetzen, mit Pommes frites und Schoko-Milchshake (s. S. 87) servieren.

Mit Burgern verbinden wir zunächst die klassischen Hamburger und Cheeseburger, die in einem Sesam-Burgerbrötchen mit etwas Salat, Senf oder Ketchup serviert werden. Sie sind lecker – keine Frage –, doch Sie werden überrascht sein, welch unglaubliche Vielfalt an kreativen Burger-Rezepten das nächste Kapitel für Sie bereithält. Hier werden Burger vorgestellt, die von der Cajun-Küche und der mexikanischen und griechischen Kochkunst inspiriert sind. Die Fleischsorten in den folgenden Rezepten sind variierbar. Achten Sie beim Kauf jedoch immer auf gute Qualität. Wenn Sie das Fleisch nicht selbst hacken können, bitten Sie Ihren Metzger darum. Rind- und Lammfleisch kann man rosa genießen, Schweinefleisch sollte jedoch durchgebraten sein.

Fleisch

Vorbereitung 10 Minuten plus 1 Stunde kühlen
Zubereitung 30 Minuten **Für** 4 Personen

Das Cajun-Gewürz macht diese Schweinefleischburger zu einem Genuss. Bewahren Sie das Gewürz an einem dunklen, kühlen Ort auf, da es sonst schnell an Schärfe verliert.

Gegrillte Cajun-Burger

Zutaten

250 g Süßkartoffeln, in Stücken
Salz und Pfeffer
450 g Schweinehack
1 Dessertapfel, z. B. Granny Smith, geschält, entkernt und gerieben
2 TL Cajun-Gewürz
450 g Zwiebeln
1 EL frisch gehackter Koriander
2 EL Sonnenblumenöl
8 Scheiben magerer Speck

Eins Die Süßkartoffeln in leicht gesalzenem Wasser in 15–20 Minuten weich kochen. Abtropfen lassen, zerstampfen und beiseite stellen.

Zwei Das Schweinehack zusammen mit Kartoffeln, Apfel und Cajun-Gewürz in eine Schüssel füllen. 1 Zwiebel reiben und mit Koriander, Salz und Pfeffer zur Hackmischung geben und gut vermengen. Daraus 4 gleich große Burger formen, abdecken und 1 Stunde kalt stellen.

Drei Den Holzkohlegrill vorheizen. 1 Esslöffel Öl in einer Pfanne erhitzen. Die restlichen Zwiebeln in Ringe schneiden und 10–12 Minuten bei niedriger Hitze unter mehrmaligem Wenden braten, bis sie weich sind. Vom Herd nehmen und beiseite stellen. Jeden Burger mit 2 Speckscheiben umwickeln.

Vier Die Burger 4–5 Minuten auf jeder Seite über heißen Kohlen grillen. Dabei mit dem restlichen Öl bestreichen. Alternativ die Burger in einer Pfanne braten.

Serviervorschlag

Jeden Burger auf ein Reisbett mit Frühlingszwiebeln, Augenbohnen und Schinken legen und mit gedünsteten Zwiebeln dekorieren. Dazu Krautsalat, Tomatenketchup und Ingwer-Bier (s. S. 95) servieren.

Vorbereitung 12 Minuten plus 1 Stunde marinieren und kühlen
Zubereitung 30 Minuten **Für** 4 Personen

Die Kombination der erfrischenden Aromen von Orangensaft und Orangenschale mit dem leicht bitteren Geschmack der Marmelade verleiht diesen köstlichen Burgern ihren besonderen Pfiff.

Schweinefilet-Burger mit Orange

Zutaten

450 g Schweinelendchen, in kleinen Stücken
3 EL Orangenmarmelade
2 EL Orangensaft
1 EL Balsamico-Essig
250 g Pastinaken, in Stücken
1 EL fein abgeriebene Orangenschale
2 Knoblauchzehen, zerdrückt
6 Frühlingszwiebeln, fein gehackt
1 Zucchini, gerieben
Salz und Pfeffer
1 EL Sonnenblumenöl

Eins Das Fleisch in eine flache Schale geben. Marmelade, Orangensaft und Essig in einem kleinen Topf unter Rühren erhitzen, bis die Marmelade geschmolzen ist. Die Marinade über das Fleisch gießen. Abdecken und für mindestens 30 Minuten kalt stellen. Das Fleisch herausnehmen, die Marinade beiseite stellen. Das Fleisch in der Küchenmaschine hacken.

Zwei Inzwischen die Pastinaken in Wasser in 15–20 Minuten weich kochen. Abgießen, zerstampfen und zusammen mit dem Hack in eine große Schüssel füllen. Orangenschale, Knoblauch, Frühlingszwiebeln, Zucchini, Salz und Pfeffer zufügen. Gut vermischen und daraus 4 gleich große Burger formen. Abdecken und mindestens 30 Minuten kalt stellen.

Drei Eine schwere Pfanne erhitzen und das Öl zugeben. Die Burger bei mittlerer Hitze 4–6 Minuten auf jeder Seite braten, bis sie gar sind. Die restliche Marinade 3 Minuten aufkochen und in eine Sauciere füllen. Servieren.

Serviervorschlag

Radicchioblätter auf die untere Hälfte von 4 gerösteten Sesam-Burgerbrötchen verteilen, mit den Burgern belegen, Marinade darüber gießen und die obere Hälfte aufsetzen. Mit gebräunten Orangenspalten, Kartoffeln, Salat und einem Glas Tropentraum (s. S. 93) servieren.

Vorbereitung 10 Minuten plus 30 Minuten kühlen
Zubereitung 8 Minuten **Für** 4 Personen

Diese Burger sind wahrhaft ein Gedicht! Unschlagbar ist hier die Kombination aus Feta-Käse, Backpflaumen, Pinienkernen und Rosmarin.

Lamm-Burger mit Feta

Zutaten

450 g Lammhack
200 g Feta-Käse, zerkrümelt
2 Knoblauchzehen, zerdrückt
6 Frühlingszwiebeln, fein gehackt
80 g Backpflaumen, gehackt
25 g Pinienkerne, geröstet
50 g frische Vollkornsemmelbrösel
1 EL frisch gehackter Rosmarin
Salz und Pfeffer
1 EL Sonnenblumenöl

Eins Das Lammhack in eine große Schüssel geben und mit Feta, Knoblauch, Frühlingszwiebeln, Backpflaumen, Pinienkernen und Semmelbröseln vermischen. Dabei größere Hackklumpen zerkleinern.

Zwei Rosmarin, Salz und Pfeffer zur Hackmischung geben. Vermengen und 4 gleich große Burger daraus formen. Abdecken und 30 Minuten kalt stellen.

Drei Den Backofengrill vorheizen. Die Frikadellen auf einen mit Alufolie ausgelegten Rost legen und leicht mit Öl bestreichen. 4 Minuten auf der mittleren Schiene grillen, umdrehen, mit dem restlichen Öl bestreichen und weitere 4 Minuten (oder nach Belieben) grillen. Servieren.

Serviervorschlag

Frische Spinatblätter auf 4 Tellern verteilen und mit frisch zubereitetem Couscous belegen. Die Frikadellen darauf legen, mit einem Löffel Tsatsiki dekorieren. Dazu passt ein griechischer Salat und Melonen-Smoothie (s. S. 91).

Vorbereitung 10 Minuten plus 30 Minuten kühlen
Zubereitung 15–20 Minuten **Für** 4 Personen

Wer liebt sie nicht, diese klassische Verbindung aus Lamm und Minze? Hier wird alles noch mit Paprika, Aubergine und herzhaftem Parmesan veredelt.

Lamm-Burger mit Minze

Zutaten

- 1 rote und 1 gelbe Paprika, in großen Stücken
- 1 rote Zwiebel, geviertelt
- 1 kleine Aubergine (120 g), in großen Stücken
- 2 EL natives Olivenöl extra
- 450 g Lammhack
- 2 EL frisch geriebener Parmesan
- 1 EL frisch gehackte Minze
- Salz und Pfeffer

Eins Den Backofengrill vorheizen. Paprika, Zwiebel und Aubergine auf einen mit Alufolie ausgelegten Rost legen. Die Auberginenstücke mit 1 Esslöffel Öl bestreichen und alles 10–12 Minuten auf mittlerer Schiene grillen, bis das Gemüse braun wird. Herausnehmen, abkühlen lassen und die Paprika häuten. Das Gemüse in eine Küchenmaschine geben und mit der Puls-Funktion zerkleinern.

Zwei Hackfleisch, Parmesan, Minze, Salz und Pfeffer zugeben und verrühren, bis die Mischung sich verbindet. Auf eine Arbeitsfläche geben und daraus 4 gleich große Burger formen. Abdecken und mindestens 30 Minuten kalt stellen.

Drei Den Backofengrill vorheizen. Die Burger leicht mit dem restlichen Öl bestreichen, auf einen mit Alufolie ausgelegten Rost legen und auf jeder Seite auf mittlerer Schiene 3–4 Minuten (oder nach Belieben) grillen. Servieren.

Serviervorschlag

4 Esslöffel Mayonnaise, 1 Teelöffel Dijon-Senf und 1 Esslöffel gehackte Minze verrühren. Die untere Hälfte von 4 gerösteten Sesam-Burgerbrötchen mit Salatstreifen belegen, dann die Burger darauf legen. Mit der Mayonnaise bestreichen und die obere Hälfte auflegen.

Vorbereitung 10 Minuten plus 30 Minuten kühlen
Zubereitung 16–20 Minuten **Für** 4–6 Personen

Zu diesem Burger passen besonders gut typisch indische Beilagen wie Raita, Lime-Pickle und Naan-Brot.

Tikka-Masala-Burger mit Lamm

Zutaten

80 g Basmati-Reis
Salz
250 g frischer Spinat
450 g Lammhack
2 EL fertige Tikka-Masala-Sauce
1 EL Mango-Chutney, plus etwas mehr zum Servieren
2 EL geröstete Mandelblättchen
1 EL Sonnenblumenöl

Eins Den Reis in leicht gesalzenem Wasser in 10–12 Minuten weich kochen. Abtropfen lassen und in eine Schüssel füllen.

Zwei Ein paar Spinatblätter zum Servieren zurückbehalten und den Rest fein hacken. Zum Reis geben und mit dem Lammhack gut vermischen.

Drei Tikka-Masala-Sauce, Mango-Chutney und Mandeln zur Lammmischung geben und vermengen. Zu 4–6 gleich großen Frikadellen formen, abdecken und mindestens 30 Minuten kalt stellen.

Vier Eine schwere Pfanne erhitzen und das Öl zugeben. Die Frikadellen bei mittlerer Hitze 3–4 Minuten auf jeder Seite nach Belieben braten. Mit den restlichen Spinatblättern servieren.

Serviervorschlag

Jede Frikadelle auf ein Bett aus Pilaw legen und mit Raita, Lime-Pickle, Naan-Brot und Ingwer-Bier (s. S. 95) servieren.

Vorbereitung 10 Minuten plus 30 Minuten kühlen
Zubereitung 25 Minuten **Für** 4 Personen

Für den klassischen Hamburger benötigen Sie hochwertiges, mageres Rinderhack und ein geröstetes Sesam-Burgerbrötchen, dazu karamellisierte Zwiebeln und etwas Tomatenketchup.

Klassischer Hamburger

Zutaten

450 g Rumpsteak oder Oberschale, frisch gehackt
1 Zwiebel, gerieben
2–4 Knoblauchzehen, zerdrückt
2 TL körniger Senf
Salz und Pfeffer
2 EL natives Olivenöl extra
450 g Zwiebeln, in dünnen Ringen
2 TL Muskovado-Zucker

Eins Rinderhack, Zwiebel, Knoblauch, Senf, Salz und Pfeffer in einer großen Schüssel vermischen. Daraus 4 gleich große Burger formen, abdecken und 30 Minuten kalt stellen.

Zwei Inzwischen Öl in einer schweren Pfanne erhitzen. Die Zwiebeln zufügen und auf niedriger Stufe 10–15 Minuten dünsten. Dann den Zucker zugeben und unter gelegentlichem Rühren 5–10 Minuten weiterdünsten, bis die Zwiebeln karamellisieren. Gut auf Küchenpapier abtropfen lassen und warm halten.

Drei Die Pfanne säubern und wieder erhitzen. Die Burger in heißem Öl 3–5 Minuten auf jeder Seite braten. Mit den Zwiebeln servieren.

Serviervorschlag

Einige in Streifen geschnittene Salatblätter auf die untere Hälfte von 4 gerösteten Sesam-Burgerbrötchen verteilen. Zwiebeln und Tomatenketchup darauf geben und mit der oberen Hälfte bedecken. Dazu passen Kartoffelecken und der Schoko-Milchshake (s. S. 87).

Vorbereitung 10 Minuten plus 30 Minuten kühlen
Zubereitung 15 Minuten **Für** 4 Personen

Die Teriyaki-Sauce, eine leicht süße, wunderbare Mischung aus Sojasauce, Wein, Essig und verschiedenen Gewürzen verleiht dem Rindfleisch ein asiatisches Flair.

Teriyaki-Burger mit knusprigem Gemüse

Zutaten

450 g mageres Rinderhack
8 Frühlingszwiebeln, in Stücken
2–4 Knoblauchzehen
2,5-cm-Stück Ingwerwurzel, gerieben
½ TL Wasabi oder frisch geriebener Meerrettich
4 TL Teriyaki-Sauce
2 TL Erdnussöl
120 g Karotten, geraspelt
120 g Pak Choi, in feine Streifen geschnitten
60 g Salatgurke, geraspelt

Eins Rinderhack, Frühlingszwiebeln, Knoblauch, Ingwer, Wasabi und 3 Teelöffel Teriyaki-Sauce in einer Küchenmaschine mit der Puls-Funktion hacken. Daraus 4 gleich große Burger formen, abdecken und 30 Minuten kalt stellen.

Zwei In einer schweren Pfanne 1 Teelöffel Öl erhitzen. Die Burger bei mittlerer Hitze auf jeder Seite 3–5 Minuten braten. Warm halten.

Drei Einen Wok sehr stark erhitzen und das restliche Öl zufügen. Die Karotten darin 1 Minute pfannenrühren, dann den Pak Choi, die Gurke und die restliche Teriyaki-Sauce zugeben und weitere 1–2 Minuten pfannenrühren. Das Gemüse sollte gar, aber noch knackig sein. Servieren.

Serviervorschlag

Das Gemüse aus dem Wok auf 4 leicht geröstete Sesam-Burgerbrötchen verteilen, mit den Burgern belegen und mit knusprig frittierten Algen dekorieren. Dazu passt Eistee, frisch aufgebrühter grüner Tee oder Zitronen-Limonade (s. S. 89).

Vorbereitung 8 Minuten plus 30 Minuten kühlen
Zubereitung 10 Minuten **Für** 4 Personen

Bearbeiten Sie frische Chillies mit großer Sorgfalt: Schneiden Sie sie zunächst längs auf, schaben Sie die Kerne heraus, und hacken Sie die Früchte. Danach sollten Sie sich die Hände gründlich waschen.

Chili-Burger mit Koriander und Frühlingszwiebeln

Zutaten

- 200 g rote Kidneybohnen aus der Dose, abgespült und abgetropft
- 450 g mageres Rinderhack
- 1–2 rote Chillies, z. B. Jalapeños, entkernt und gehackt
- 2–4 Knoblauchzehen, zerdrückt
- 6 Frühlingszwiebeln, gehackt
- 1 EL frisch gehackter Koriander
- Salz und Pfeffer

Salsa

- 3 reife Tomaten, gehäutet und fein gehackt
- 1 kleine reife Avocado, geschält, entkernt und zerdrückt
- 4 Frühlingszwiebeln, fein gehackt
- 1 rote Jalapeño-Chili, entkernt und fein gehackt
- 1 EL frisch gehackter Koriander

Eins Die Kidneybohnen in einer Küchenmaschine 1 Minute pürieren.

Zwei Hackfleisch, Chillies, Knoblauch, Frühlingszwiebeln, Koriander, Salz und Pfeffer zufügen und weitere 2 Minuten vermischen. Daraus 4 gleich große Burger formen, abdecken und 30 Minuten kalt stellen.

Drei Inzwischen die Salsa anrühren. Dazu Tomaten, Avocado, Frühlingszwiebeln, Chili und Koriander vermischen. In eine kleine Schale geben, abdecken und mindestens 30 Minuten kalt stellen, damit sich die Aromen entfalten können.

Vier Eine beschichtete Pfanne erhitzen. Die Burger hineinlegen und bei mittlerer Hitze auf jeder Seite in 3–5 Minuten goldbraun braten. Mit Salsa servieren.

Serviervorschlag

4 Tacos nach Packungsanleitung erwärmen. Mit in Streifen geschnittenem Salat, geriebener Karotte und den Burgern füllen. Die Burger mit Salsa und saurer Sahne bestreichen. Mit Tortilla-Chips und einem Melonen-Smoothie (s. S. 91) servieren.

Vorbereitung 12 Minuten plus 30 Minuten kühlen
Zubereitung 20 Minuten **Für** 4 Personen

Burger mit Speck, Salat und Tomate gelten in den USA als Klassiker. Dazu passt ein Spargel-Avocado-Dip. Die Dips oder Salsas sollten Sie mindestens 30 Minuten im Voraus zubereiten.

Burger mit Speck, Salat und Tomate

Zutaten

200 g Speckscheiben
450 g mageres Rinderhack
1 Zwiebel, gerieben
2–4 Knoblauchzehen, zerdrückt
Salz und Pfeffer
1–2 EL Sonnenblumenöl

Dip
200 g grüne Spargelspitzen
1 kleine reife Avocado, geschält, entkernt und fein gehackt
1 EL Zitronensaft
2 feste Tomaten, gehäutet, entkernt und fein gehackt
150 g Crème fraîche
Salz und Pfeffer

Eins Fett und Schwarte vom Speck entfernen. Speck fein hacken.

Zwei Speck, Hackfleisch, Zwiebel, Knoblauch, Salz und Pfeffer in eine Schüssel geben und gut vermischen. Daraus 4–6 gleich große Burger formen, abdecken und 30 Minuten kalt stellen.

Drei Den Spargel putzen und in leicht gesalzenem Wasser 5 Minuten garen, dann abgießen und mit kaltem Wasser abschrecken. Den abgekühlten Spargel abtropfen lassen und die Hälfte davon fein hacken. Die Avocado mit Zitronensaft beträufeln. Spargel, Avocado, Tomaten und Crème fraîche in einer Schüssel vermischen. Mit Salz und Pfeffer abschmecken, abdecken und bis zum Verzehr kalt stellen.

Vier Das Öl in einer schweren Pfanne erhitzen. Die Burger bei mittlerer Hitze auf jeder Seite 5–6 Minuten braten, bis sie gar sind. Servieren.

Serviervorschlag

Salatblätter auf die untere Hälfte von 4 gerösteten Roggenbrötchen verteilen, Burger auflegen und mit Tomaten und restlichen Spargelspitzen belegen. Mit Dip bestreichen, obere Hälfte aufsetzen und mit Pommes frites, Dip und einem Glas Tropentraum (s. S. 93) servieren.

Vorbereitung 10–12 Minuten plus 1 Stunde kühlen
Zubereitung 30 Minuten **Für** 4 Personen

Dieser fantastische Burger ist ein Gaumenschmaus, denn er ist würzig, hat Biss und ist gesund. Nach Belieben können Sie die Flageoletbohnen durch Augen- oder Kidneybohnen ersetzen.

Power-Gemüse-Burger

Zutaten

- 80 g Naturreis
- Salz und Pfeffer
- 400 g Flageoletbohnen aus der Dose, abgetropft
- 120 g ungesalzene Cashewkerne
- 3 Knoblauchzehen
- 1 rote Zwiebel, in Spalten
- 120 g Mais aus der Dose, abgetropft
- 2 EL Tomatenmark
- 1 EL frisch gehackter Oregano
- 2 EL Vollkornmehl
- 2 EL Sonnenblumenöl

Eins Den Reis in leicht gesalzenem Wasser in 20 Minuten weich kochen. Abgießen und in eine Küchenmaschine geben.

Zwei Bohnen, Cashewkerne, Knoblauch, Zwiebel, Mais, Tomatenmark, Oregano, Salz und Pfeffer zum Reis in die Küchenmaschine geben und mit der Puls-Funktion zerkleinern. Daraus 4 gleich große Burger formen, in Mehl wenden, abdecken und 1 Stunde kalt stellen.

Drei Eine schwere Pfanne erhitzen und das Öl zufügen. Die Burger auf mittlerer Hitze 5–6 Minuten auf jeder Seite braten. Servieren.

Serviervorschlag

Einige Romana-Salatblätter klein schneiden und auf die untere Hälfte von 4 leicht gerösteten Roggenbrötchen verteilen. Je 1 Tomaten- und 1 Halloumi-Käsescheibe auflegen. 2 Minuten im Backofengrill überbacken, die obere Hälfte aufsetzen und mit Chutney servieren.

Vorbereitung 10 Minuten plus 1 Stunde kühlen
Zubereitung 10 Minuten **Für** 4 Personen

Wenn Sie es gern scharf mögen, verwenden Sie ruhig etwas mehr Chili für diesen Burger. Vergessen Sie nicht, die Chili zu entkernen und sich nachher die Hände gründlich zu waschen.

Bohnen-Burger mit Kräutermayo

Zutaten

300 g weiße Bohnen aus der Dose, abgetropft
300 g Augenbohnen aus der Dose, abgetropft
300 g rote Kidneybohnen aus der Dose, abgetropft
1 rote Chili, entkernt
4 Schalotten, geviertelt
2 Selleriestangen, grob gehackt
50 g frische Vollkornsemmelbrösel
1 EL frisch gehackter Koriander
Salz und Pfeffer
2 EL Vollkornmehl
2 EL Sonnenblumenöl

Kräutermayonnaise
6 EL Mayonnaise
2 EL frisch gehackte Petersilie oder Minze
1 EL gehackte Salatgurke
3 Frühlingszwiebeln, fein gehackt

Eins Bohnen, Chili, Schalotten, Sellerie, Semmelbrösel, Koriander, Salz und Pfeffer in einer Küchenmaschine mit der Puls-Funktion pürieren. Daraus 4 gleich große Burger formen, abdecken und 1 Stunde kalt stellen. Die Burger leicht im Mehl wenden.

Zwei Eine schwere Pfanne erhitzen und das Öl zufügen. Die Burger bei mittlerer Hitze 5–6 Minuten auf jeder Seite braten, bis sie gar sind.

Drei Mayonnaise, Petersilie, Gurke und Frühlingszwiebeln in einer Schüssel vermischen. Servieren.

Serviervorschlag

Einige Spinatblätter und gegrillte rote und gelbe Paprikastreifen auf die untere Hälfte von 4 gerösteten Sesam-Burgerbrötchen verteilen. Mit etwas Kräutermayonnaise und Salsa krönen. Dazu passt Ingwer-Bier (s. S. 95).

Vorbereitung 10 Minuten plus 1 Stunde kühlen
Zubereitung 30 Minuten **Für** 4 Personen

Diese Burger haben eine eher weiche Konsistenz. Wenn Sie sie fester bevorzugen, zerkleinern Sie die Mischung nur grob und häuten Sie die Paprika nicht.

Burger mit Paprika und Yamswurzel

Zutaten

250 g Yamswurzel, geschält und in Stücken
Salz und Pfeffer
400 g Kichererbsen aus der Dose, abgetropft
2 rote Paprika, gehäutet
2–3 Knoblauchzehen, zerdrückt
80 g entsteinte schwarze Oliven
2 EL Sesamsaat
1 EL frisch gehackter Koriander
2 EL Vollkornmehl
2 EL Sonnenblumenöl

Eins Die Yamswurzel in einem Topf mit leicht gesalzenem kochendem Wasser 15–20 Minuten weich kochen. Gut abtropfen lassen und in eine Küchenmaschine geben.

Zwei Kichererbsen, Paprika, Knoblauch, Oliven, Sesamsaat, Koriander sowie Salz und Pfeffer zur Yamswurzel geben und mit der Puls-Funktion zerkleinern. Daraus 4 gleich große Burger formen, im Mehl wenden, abdecken und 1 Stunde kalt stellen.

Drei Eine schwere Pfanne erhitzen und das Öl zufügen. Die Burger bei mittlerer Hitze 5–6 Minuten auf jeder Seite braten, bis sie gar sind. Servieren.

Serviervorschlag

Einige Rucolablätter auf die untere Hälfte von 4 leicht gerösteten Käsebrötchen verteilen und die Burger auflegen. Mit etwas Hummus und Tomaten-Salsa bestreichen und die obere Hälfte aufsetzen. Dazu passt grüner Salat, Tortilla-Chips und der Mango-Smoothie (s. S. 91).

Vorbereitung 10 Minuten plus 1 Stunde kühlen
Zubereitung 40 Minuten **Für** 4–6 Personen

Dieser Burger vereint eine Reihe besonderer Aromen zu einem wahren Gaumenkitzel. Geschmolzener Halloumi verleiht ihm den letzten Pfiff.

Süßkartoffel-Burger mit Halloumi

Zutaten

450 g Süßkartoffeln, geschält und in Stücken
Salz und Pfeffer
200 g Brokkoliröschen
2–3 Knoblauchzehen, zerdrückt
1 rote Zwiebel, fein gehackt oder gerieben
1–2 rote Jalapeño-Chillies, entkernt und fein gehackt
150 g frisch geriebener Halloumi-Käse
2 EL Vollkornmehl
2–3 EL Sonnenblumenöl
450 g Zwiebeln, in Ringen
1 EL frisch gehackter Koriander

Eins Die Süßkartoffeln in leicht gesalzenem Wasser in 15–20 Minuten weich kochen. Abgießen und zerstampfen. Den Brokkoli in kleine Stücke schneiden und 3 Minuten kochen. Abgießen und in kaltes Wasser geben. Wieder abgießen und zu den Kartoffeln geben.

Zwei Knoblauch, Zwiebel, Chillies, Käse, Salz und Pfeffer zufügen, gut vermischen und zu 4 gleich großen Burgern formen. Im Mehl wenden, abdecken, und mindestens 1 Stunde kalt stellen.

Drei 1½ Teelöffel Öl in einer schweren Pfanne erhitzen. Die Zwiebeln zufügen und bei mittlerer Hitze in 12–15 Minuten weich dünsten. Den Koriander unterrühren und beiseite stellen.

Vier Das restliche Öl in die Pfanne geben. Die Burger darin bei mittlerer Hitze auf jeder Seite 5–6 Minuten braten. Mit den Zwiebeln servieren.

Serviervorschlag

Einige Radicchioblätter auf die untere Hälfte von 6 leicht gerösteten Mehrkornbrötchen verteilen. Mit Burgern und Zwiebeln belegen und süße oder scharfe Chilisauce darüber geben. Die obere Hälfte aufsetzen und mit Eistee oder Zitronen-Limonade (s. S. 89) servieren.

Vorbereitung 12 Minuten plus 1 Stunde kühlen
Zubereitung 25 Minuten **Für** 4 Personen

Tofu wird aus Sojabohnen hergestellt und ist aufgrund seines hohen Eiweißgehalts ideal für Vegetarier. Er hat recht wenig Eigengeschmack, nimmt jedoch alle Aromen auf.

Gemüse-Burger mit Tofu und Nüssen

Zutaten

- 120 g thailändischer Reis
- 120 g Karotten, gerieben
- 6 Frühlingszwiebeln, grob gehackt
- 50 g ungesalzene Erdnüsse
- 80 g frische Bohnensprossen
- 250 g fester Tofu, fein gehackt
- 1 TL Ingwersirup
- Salz
- ½–1 TL Chiliflocken
- 1–2 EL Sonnenblumenöl

Eins Den Reis in einem Topf mit leicht kochendem Wasser 12–15 Minuten weich kochen. Abgießen und in eine große Schüssel geben.

Zwei Karotten, Frühlingszwiebeln und Erdnüsse in einer Küchenmaschine mit der Puls-Funktion fein hacken. Reis, Bohnensprossen, Tofu, Ingwer, Salz und Chiliflocken zufügen und vermischen. Daraus 4 gleich große Burger formen, gut zusammenpressen, abdecken und 1 Stunde kalt stellen.

Drei Eine schwere Pfanne erhitzen und das Öl zufügen. Die Burger auf mittlerer Hitze etwa 5–6 Minuten auf jeder Seite braten, bis sie heiß sind. Servieren.

Serviervorschlag

Klein geschnittenen Pak Choi und Bohnensprossen auf die untere Hälfte von 4 leicht gerösteten Sesam-Burgerbrötchen verteilen und die Burger darauf legen. Mit gedünsteten Pilzen und Satay-Sauce krönen. Die obere Hälfte aufsetzen und mit asiatischem Salat servieren.

Vorbereitung 15 Minuten plus 1 Stunde kühlen
Zubereitung 30 Minuten **Für** 4–6 Personen

Die Grünen Burger eignen sich bestens für eine Party im Freien oder ein Mittagessen auf der Terrasse. Im Winter können Sie sie als Teil eines Brunchs mit viel Salat und frischem Brot servieren.

Grüner Burger mit Reis

Zutaten

- 25 g gemischter Basmati- und Wildreis
- 2–3 EL natives Olivenöl extra
- 3–4 Knoblauchzehen, zerdrückt
- 300 g kleine Champignons, gehackt
- 175 g frischer Spinat
- 300 g Borlottibohnen aus der Dose, abgetropft
- 1 orangefarbene Paprika, gehäutet und fein gehackt
- 50 g Mandelblättchen, geröstet
- 50 g frisch geriebener Parmesan
- 2 EL frisch gehacktes Basilikum
- 50 g frische Vollkornsemmelbrösel
- Salz und Pfeffer
- 2 EL Vollkornmehl
- 1–2 Fleischtomaten, in dicken Scheiben

Eins Den Reis in etwa 12–15 Minuten weich kochen. Wasser abgießen und in eine große Schüssel geben.

Zwei 1 Teelöffel Öl in einer Pfanne erhitzen. Knoblauch und Pilze zufügen und 5 Minuten dünsten. Zum Reis in die Schüssel geben.

Drei 25 g Spinat beiseite legen. Den Rest leicht abspülen und gut trockentupfen. Spinat, Bohnen, Paprika, Mandeln, Parmesan, Basilikum, Semmelbrösel, Salz und Pfeffer in eine Küchenmaschine füllen und mit der Puls-Funktion fein zerhacken. Gut vermischen und 4–6 gleich große Burger daraus formen. In Mehl wenden, abdecken und 1 Stunde kalt stellen.

Vier Eine schwere Pfanne erhitzen und das restliche Öl hineingeben. Die Burger bei mittlerer Hitze 5–6 Minuten auf jeder Seite braten. In den letzten 3 Minuten die Tomatenscheiben zufügen und erhitzen. Dann servieren.

Serviervorschlag

Den Hut eines gedünsteten Riesenchampignons auf ein Bett aus Spinatblättern legen und mit je einem Burger und einer Tomatenscheibe belegen. Mit Ingwer-Bier (s. S. 95) servieren.

Vorbereitung 12 Minuten plus 1 Stunde kühlen
Zubereitung 30 Minuten **Für** 4 Personen

Blauschimmelkäse hat einen recht dominanten Geschmack, doch wird er hier durch Äpfel und Nüsse abgemildert. Sie können die Burger schon im Voraus zubereiten und erst später braten.

Burger mit Apfel und Blauschimmelkäse

Zutaten

200 g neue Kartoffeln
200 g gemischte Nüsse, wie Pekannüsse, Mandeln und Haselnüsse
1 Zwiebel, grob gehackt
1 Dessertapfel, z. B. Granny Smith, geschält, entkernt und gerieben
150 g Blauschimmelkäse, zerkrümelt
50 g frische Vollkornsemmelbrösel
Salz und Pfeffer
2 EL Vollkornmehl
1–2 EL Sonnenblumenöl

Eins Die Kartoffeln in 15–20 Minuten weich kochen und mit einem Kartoffelstampfer zerdrücken. In eine große Schüssel geben.

Zwei Nüsse und Zwiebel in eine Küchenmaschine geben und mit der Puls-Funktion zerkleinern. Nussmasse, Apfel, Käse und Semmelbrösel zu den Kartoffeln geben. Gut vermischen und mit Salz und Pfeffer abschmecken. Daraus 4 gleich große Burger formen, in Mehl wenden, abdecken und 1 Stunde kalt stellen.

Drei Eine schwere Pfanne erhitzen und das Öl zufügen. Die Burger bei mittlerer Hitze 5–6 Minuten auf jeder Seite braten. Servieren.

Serviervorschlag

Auf die untere Hälfte von 4 leicht gerösteten Käsebrötchen einige Salatblätter verteilen. Burger und rote Zwiebelringe auflegen und die obere Hälfte aufsetzen. Mit Krautsalat, Tomatenketchup und einem Schoko-Milchshake (s. S. 87) servieren.

Vorbereitung 10 Minuten plus 1 Stunde kühlen
Zubereitung 30 Minuten **Für** 4 Personen

Wenn die samtenen Macadamia-Nüsse auf würzigen Feta-Käse treffen – in diesen Burgern vielleicht zum allerersten Mal – ergibt sich eine unschlagbare Verbindung.

Feta-Burger mit Nüssen

Zutaten

120 g thailändischer Reis
Salz und Pfeffer
200 g Macadamia-Nüsse
1 rote Zwiebel, in Spalten
1 rote Paprika, gehackt
1 EL frisch gehackter Koriander
200 g Feta-Käse
2 EL Vollkornmehl
1 Ei, verquirlt
80 g frische Vollkornsemmelbrösel
1–2 EL Sonnenblumenöl

Eins Den Reis in leicht gesalzenem Wasser in 12 Minuten weich kochen. Abgießen und in eine Schüssel geben.

Zwei Nüsse, Zwiebel, Paprika und Koriander in eine Küchenmaschine füllen und mit der Puls-Funktion zerkleinern. Zum Reis geben. Den Käse fein zerbröckeln, zur Mischung geben, gründlich vermengen und mit Salz und Pfeffer abschmecken. Daraus 4 gleich große Burger formen, in Mehl wenden, abdecken und 1 Stunde kalt stellen.

Drei Ei und Semmelbrösel in 2 separate Schalen geben. Die Burger erst im Ei und dann in den Semmelbröseln wenden. Dabei das Ei immer gut abtropfen lassen.

Vier Eine schwere Pfanne erhitzen und das Öl zufügen. Die Burger im Öl bei mittlerer Hitze 5–6 Minuten auf jeder Seite braten. Servieren.

Serviervorschlag

Die Bratlinge mit ein paar Streifen warmem Pita-Brot, süßer Chilisauce und einem Couscous-Salat aus gehackter Paprika, Rosinen und frisch gehacktem Koriander servieren. Dazu einen Schoko-Milchshake (s. S. 87) reichen.

Ihre Gäste werden staunen, wenn Sie zum Essen selbst gemachte Getränke servieren. Egal ob erfrischende Limonade, ein Milchshake oder ein fruchtiger, mit Honig gesüßter Smoothie – alle Rezepte sind unwiderstehlich und passen perfekt zu den Burgern. Sie werden aus frischen Zutaten zubereitet und sind einfach und schnell herzustellen. Nur das Ingwer-Bier braucht etwas Zeit – es muss zwei Wochen kühl und dunkel gelagert werden, bevor Sie es genießen können.

Getränke

Zubereitung 5 Minuten **Für** 1 Person

Ein guter Schoko-Milchshake ist für Schokoladenfans der Himmel auf Erden. Für ein noch cremigeres Ergebnis rühren Sie statt des Getränkepulvers etwas geschmolzene Schokolade in den Shake.

Schoko-Milchshake

Zutaten

1 gehäufter EL Schokoladen-Getränkepulver
1 TL Zucker (nach Belieben)
2 TL kochend heißes Wasser
300 ml kalte Milch
je 1 Kugel Vanille- und Schokoladeneis

Eins ½ Teelöffel des Getränkepulvers zurückbehalten. Das übrige Pulver mit Zucker in eine kleine Schüssel geben. Mit dem Wasser zu einer weichen Paste verrühren.

Zwei Die Paste mit der Milch und einer der Eiskugeln in ein Mixgerät geben und 1 Minute mixen. Den Shake in ein großes Glas gießen, die zweite Eiskugel hineingeben, mit dem restlichen Getränkepulver bestreuen und servieren.

FRUCHT-MILCHSHAKE

Der Milchshake aus Früchten lässt sich spielend leicht zubereiten:
50 g frische oder aufgetaute Himbeeren mit 300 ml Milch in einem Mixgerät pürieren. Geben Sie 1–2 Kugeln Vanille- oder Erdbeereis und 1 Löffel Schlagsahne zu dem Shake, und garnieren Sie ihn mit Himbeeren. Sie können auch 1–2 zerdrückte Bananen mit Milch mixen und den Shake mit einer Kugel tiefgefrorenem Joghurt und etwas Zimt oder ein paar frischen Kokosspänen garnieren.

Variation

Geben Sie zusätzlich gemahlene Muskatnuss oder Zimt mit ins Mixgerät, und streuen Sie zum Schluss ein wenig davon auf die Eiskugel.

Zubereitung 15 Minuten plus 3 Stunden ruhen
Für 6 Personen (1,2 l)

An einem heißen Sommertag geht nichts über ein Glas eiskalte, selbst gemachte Limonade. Sie erfrischt nicht nur, sondern ist auch sehr vitaminreich.

Zitronen-Limonade

Zutaten

4 große Zitronen
175 g Zucker
850 ml kochendes Wasser
Eiswürfel, zum Servieren

Eins Die Zitronen gut waschen und trockenreiben. Mit einem Sparschäler 3 Zitronen sehr dünn schälen. Die Schale in einen großen Krug oder eine Karaffe füllen, den Zucker zufügen, mit dem Wasser übergießen und rühren, bis der Zucker aufgelöst ist. Den Krug abdecken und mindestens 3 Stunden kalt stellen. Dabei gelegentlich umrühren. Inzwischen die 3 Zitronen auspressen und den Saft beiseite stellen.

Zwei Die Zitronenschale aussieben und den beiseite gestellten Zitronensaft einrühren. Die letzte Zitrone in dünne Scheiben schneiden und die Scheiben halbieren. Zusammen mit den Eiswürfeln in die Limonade geben. Umrühren und servieren.

Variation

Ein ebenso köstlicher Durstlöscher ist Limonade aus Orangen oder Limetten oder auch aus einer Zitrus-Mischung.

Zubereitung 5 Minuten **Für** 1 Person

Für diesen Smoothie sollten Sie eine wirklich reife Mango verwenden. Lecker wird es auch, wenn Sie je zur Hälfte Orangen- und Limettensaft mit ein wenig Zimt verrühren.

Mango-Smoothie

Zutaten

1 reife Mango, geschält, entsteint und in Scheiben
200 ml frisch gepresster Orangensaft
1 TL klarer Honig (nach Belieben)
2 EL Naturjoghurt
5–6 Eiswürfel

Eins Die Mango mit Orangensaft und Honig in ein Mixgerät geben. 1 Minute mixen, dann den Joghurt und das Eis zufügen. 1 weitere Minute mixen.

Zwei Smoothie in ein hohes Glas geben und mit einem Strohhalm servieren.

Variation

Melonen-Smoothie: Für dieses Getränk können Sie 3 verschiedene Melonensorten verwenden. Entkernen und schälen Sie je ein Stück Wasser-, Galia- und Charentais-Melone. Mit zerstoßenem Eis und Erdbeerscheiben servieren.

Zubereitung 15–20 Minuten plus 2 Wochen ruhen
Für 15 Personen (3,5 l)

Obwohl man für die Zubereitung dieses Getränks ein wenig Geduld mitbringen muss, lohnt sich das Warten. Bereits der erste Schluck wird Sie überzeugen.

Ingwer-Bier

Zutaten

Ansatz
25 g Hefe oder 15 g Trockenhefe
300 ml Wasser
9 TL Zucker
9 TL gemahlener Ingwer

Bier
900 g Zucker
600 ml heißes Wasser
3,5 l kaltes Wasser
Saft von 2 großen Zitronen, abgeseiht

Eins Die Hefe in ein sauberes Marmeladenglas oder einen ähnlichen Behälter geben. Wasser darüber gießen. 2 Teelöffel Zucker und 2 Teelöffel Ingwer zufügen. Mit Frischhaltefolie abdecken und an einen dunklen Ort stellen.

Zwei Am nächsten Tag jeweils 1 weiteren Teelöffel Zucker und Ingwer zufügen. Dies 6 Tage lang wiederholen.

Drei Den Hefeansatz durch ein Musselintuch abseihen. Die Hälfte des Ansatzes für einen neuen Ansatz in ein großes Glas füllen.

Vier Den Zucker im heißen Wasser unter Rühren auflösen. Mit kaltem Wasser, Zitronensaft und der anderen Hälfte des Hefeansatzes auffüllen. Gut verrühren und in saubere, verschließbare Flaschen füllen. Fest zudrehen und vor dem Servieren 1 Woche an einen kühlen, dunklen Ort stellen.

Variation

Für ein erfrischendes Sommergetränk gießen Sie 150 ml Ingwer-Bier in ein hohes, zu einem Viertel mit zerstoßenem Eis gefülltes Glas. Mit Limonade auffüllen und mit einer Kugel Vanilleeis krönen.

Register